RAPPORT

SUR LE DÉSARMEMENT

DE L'ARMÉE DES VOSGES

CHERBOURG

Imp. BEDELFONTAINE et SYFFERT, rue Napoléon, 1.

—

1873.

RAPPORT

SUR LE DÉSARMEMENT

DE L'ARMÉE DES VOSGES

CHERBOURG

Imp. BEDELFONTAINE et SYFFERT, rue Napoléon, 1.

—

1873.

RAPPORT

LE DÉSARMEMENT DE L'ARMÉE DES VOSGES

Le contre-amiral Penhoat, à son retour de l'armée de l'Est, se rendit à Bordeaux pour se mettre à la disposition du ministre de la marine.

Le ministère de la guerre n'ayant à son service qu'un nombre de généraux très-insuffisant, surtout depuis l'internement de l'armée de l'Est en Suisse, l'amiral Penhoat, qui venait d'être promu au grade de vice-amiral, fut laissé à la disposition du ministre de la guerre et attendit à Bordeaux les ordres qui pourraient lui être donnés.

Il ne devait pas attendre longtemps une nouvelle destination ; le 14 février, il recevait la lettre suivante :

MINISTÈRE DE LA GUERRE. « Bordeaux, le 14 février 1871.

« Amiral, je vous informe que je vous ai appelé au « commandement de l'armée des Vosges, laissé vacant « par la démission du général Garibaldi. Vous vous

« transporterez immédiatement, dans ce but, à Châlon-
« sur-Saône, pour en prendre possession.

« Votre premier soin devra être de vous rendre compte
« personnellement de l'emplacement des troupes, de
« vérifier les effectifs, l'armement, les provisions de tout
« genre. Vous ferez assurer l'exécution des divers servi-
« ces au moyen des officiers d'état-major et des membres
« de l'intendance qui sont, dès à présent, mis à votre
« disposition.

« Vous me rendrez compte, dans le plus bref délai, des
« résultats de votre première inspection et des besoins
« de vos troupes.

« Le Ministre de la Guerre,
« Signé : général LE FLÔ.

« A Monsieur le vice-amiral Penhoat, général en chef
« de l'armée des Vosges. »

Le sentiment bien naturel éprouvé par l'amiral fut
celui du plus profond étonnement. Succéder au général
Garibaldi, commander une armée de cinquante mille
hommes, avoir, enfin, sous ses ordres ces vieilles bandes
italiennes qui avaient détrôné François II et envahi les
Etats du Pape; il y avait de quoi faire reculer un vieux
marin breton.

La première pensée de l'amiral fut de refuser énergi-
quement un commandement dont, pour mille raisons,
il déclinait la compétence. Cependant, avant de prendre
une décision, il courut chez son chef et conseiller naturel,
le ministre de la marine, pour lui demander son avis. Le
ministre de la marine lui conseilla d'accepter.

Plus perplexe que jamais, l'amiral Penhoat se présenta
au ministre de la guerre, objectant toute la difficulté d'un
pareil maniement de troupes pour un marin plus accou-

tumé à conduire des vaisseaux que des bataillons. Il ne serait plus, comme à l'armée de l'Est, guidé naturellement par les ordres de ses chefs, mais se trouverait seul responsable d'opérations militaires qui pouvaient reprendre d'une manière formidable.

Le général Le Flô insista, néanmoins, avec force, objectant le manque absolu de généraux, la fermeté bien connue de l'amiral qui lui assurait l'obéissance de tous, le peu de chances enfin d'une reprise d'hostilités, en sorte que cette mission se réduirait sans doute à un licenciement difficile mais pour lequel son caractère le désignait naturellement. Pendant quatre jours, les objections de l'amiral furent reçues par les mêmes réponses.

Enfin, après avoir obtenu, comme condition expresse, l'aide d'un bon chef d'état-major (et l'amiral avait désigné le colonel d'état-major de l'Espée qui avait déjà rempli auprès de lui les mêmes fonctions à l'armée de l'Est), il se décida à accepter, bien à contre cœur, et le départ pour Châlon-sur-Saône fut résolu.

Le général Bordone, chef d'état-major du général Garibaldi, qui se trouvait alors à Bordeaux, venait de déposer sa démission entre les mains du ministre de la guerre, mais il devait conserver ses fonctions pour remettre le service au nouveau chef d'état-major.

———————

Le 19 février 1871, l'amiral Penhoat arriva à Mâcon et prit le commandement en chef de l'armée des Vosges.

Son chef d'état-major, Monsieur le colonel de l'Espée, arrêté par une indisposition grave, n'avait pu l'accompagner, mais il devait rallier avant peu.

L'amiral trouva le quartier-général de Garibaldi installé à Châlon-sur-Saône où il se rendit immédiatement et où le service lui fut remis par le général Menotti Garibaldi, chargé du commandement provisoire de l'armée.

Le général Bordone, resté en fonctions comme on vient de le voir, pour remettre le service, se mit à la disposition de l'amiral avec une grande bonne volonté, jusqu'à l'arrivée du colonel de l'Espée.

L'amiral accepta cette offre, car la situation et la composition de l'armée demandaient à être étudiées sans retard, l'armistice devant expirer le 24.

Le personnel de l'armée, fort mêlé et rempli d'étrangers de diverses nations, dont plusieurs étaient déjà connus par les aventures les plus extraordinaires, exigeait une grande attention, et le concours du général Bordone était indispensable, pendant quelque temps, pour exercer le commandement d'une manière utile.

Pour aider l'amiral dans son œuvre, le ministre de la guerre avait mis à sa disposition deux généraux de division, M. le général de brigade de Jouffroy d'Abbans et M. Carré de Busserolles, lieutenant-colonel d'infanterie, général de division à titre auxiliaire. Outre ces deux officiers généraux, un certain nombre d'officiers d'état-major devaient lui être adressés ; ils appartenaient, pour la plupart, à l'armée auxiliaire, mais ils étaient choisis avec soin, et les missions de confiance les plus délicates pouvaient leur être confiées.

La situation n'était pas simple ; on se trouvait placé, devant un ennemi formidable, dans des positions assez désavantageuses, avec une armée qui ne comptait pas cinquante mille hommes, très peu d'artillerie et une cavalerie insignifiante.

L'infanterie comprenait 21,000 mobilisés, troupes très-médiocres et indisciplinées ; près de 2,000 francs-tireurs français, ramassis de toute la lie des places publiques des villes les plus turbulentes ; enfin de 4 à 5,000 étrangers, vieilles bandes dévouées à leurs chefs et qui avaient quelque valeur ; mais elles étaient mal armées et encore plus mal équipées.

Un trait peindra les difficultés de la situation : il y avait dans l'armée dix-sept espèces de fusils, comportant des cartouches différentes.

En arrivant à Châlon, l'amiral s'annonça aux troupes par l'ordre du jour suivant :

« En prenant le commandement de l'armée des Vos-
« ges, le vice-amiral commandant en chef compte trou-
« ver, près des corps de l'armée, le dévouement qu'ils
« ont montré sous les ordres du chef éminent qui avait
« mis au service de notre pays son expérience et ses
« talents militaires.

« L'armée peut compter sur ma sollicitude pour sau-
« vegarder les intérêts de tous. »

Si l'on tient compte de l'espèce de culte dont le général Garibaldi était l'objet de la part de ses soldats, et de l'importance qu'il y avait à les maintenir sous les drapeaux, malgré l'irritation qu'ils avaient éprouvée de la démission de leur chef, on comprendra l'opportunité de ces paroles, adressées par le nouveau général à son prédécesseur.

Soit que les hostilités recommençassent deux jours après, soit que la paix fut signée, il était indispensable d'empêcher une débandade générale ; dans le premier cas, pour conserver les positions qui reliaient les différents corps entre eux et pouvoir faire une retraite en bon ordre ; dans le second cas, pour maintenir les troupes jusqu'au jour de leur renvoi dans leurs foyers, sous une discipline protectrice des populations, et enfin, pour les soustraire aux influences fâcheuses que l'on cherchait déjà à exercer sur elles.

Cet ordre du jour atteignit le but qu'on se proposait, et les symptômes de défiance, très-caractérisés jusqu'alors, disparurent.

Toute difficulté n'était cependant pas levée; les chefs qui avaient accompagné le général Garibaldi en France donnèrent leur démission en masse. A son arrivée, l'amiral Penhoat trouva celles des fils du général, Menotti et Riciotti; celle de son gendre Canzio et celle de son partisan, M. Delpech, de Marseille. Ces quatre chefs commandaient des brigades de troupes irrégulières, dites légères, et possédaient sur leurs soldats une autorité morale dont il est difficile de se faire une idée.

Il était indispensable, sous peine d'une dissolution complète, en face de l'ennemi, de conserver pour quelque temps, le service de ces officiers, au moins jusqu'au moment où les circonstances permettraient de dominer la situation sans leur secours.

Le général Bordone, dont le concours fut entier et auquel son amitié intime avec Garibaldi donnait sur ces chefs une autorité presque absolue, obtint le retrait de ces démissions jusqu'à une époque plus favorable, et les difficultés éprouvées par la suite, dans l'opération du licenciement, montrèrent bien l'importance du service qu'il avait rendu.

Cette conduite était du reste conforme aux instructions du ministre; elle produisit le meilleur effet. La confiance revint : elle permit à l'amiral de donner à l'armée une organisation solide en cas de reprise des hostilités et de placer les corps de manière à faciliter le désarmement de l'armée, si la paix venait à être signée.

Un ordre du jour du 20 février donne à la fois la com-

position de l'armée et le nouveau mode d'endivisionne-
ment qui lui était appliqué.

Pour éviter les froissements d'amour-propre, comme
dans l'intérêt du commandement et de la discipline, les
quatre brigades légères furent maintenues sans change-
ment d'aucune espéce.

ORDRE DU JOUR:

« L'organisation de l'armée des Vosges ne sera pas
« modifiée. Ses quatre brigades légères resteront compo-
« sées des corps francs, volontaires, étrangers et autres
« qu'elles comprennent actuellement, et elles seront
« employées comme troupes d'avant-garde et de reserve.

« Les légions mobilisées formeront deux divisions : la
« première division, sous les ordres du général de Jouf-
« froy, comprendra : les quatre légions du Jura formant la
« première brigade, les 5e et 6e légions de l'Isère et la
« légion de l'Ain formant la 2e brigade avec la 2e et la 3e
« batterie d'artillerie de la Charente-Inférieure.

« La 2e division, sous les ordres du général de Bus-
« serolles, sera composée comme il suit :

« Les quatre légions de Saône-et-Loire formant la 1re
« brigade.

« La légion de l'Ardèche, deux bataillons de l'Ardèche, la
« légion de la Côte-d'Or, la 2e légion de la Loire, le ba-
« taillon des francs-tireurs Alsaciens et du Gard, plus un
« bataillon composé du bataillon Egalité de Langres et de
« la 2e compagnie des francs-tireurs de la Côte-d'Or, for-
« ment la 2e brigade.

« Son artillerie sera composée des 4e et 5e batteries
« d'artillerie.

« Chaque brigade sera commandée provisoirement par
« le plus ancien lieutenant-colonel.

« Les autres batteries d'artillerie resteront à la dispo-
« sition du général en chef, et seront employées soit avec
« l'avant-garde, soit avec la réserve.

« Les guides italiens seront attachés au quartier-géné-
« ral.

« Signé : Vice-Amiral PENHOAT,
« Général en chef. »

L'armistice ne laissant plus que bien peu d'instants, il fut aussitôt résolu que l'armée occuperait fortement en arrière les positions importantes de la ligne de Charolles à Mâcon. Des officiers d'Etat-Major, et plus particulière-ment M. le capitaine d'Etat-Major Parisot, furent chargés d'étudier le terrain de cette ligne.

Les instructions du Ministre de la Guerre donnaient pour objectif la chaîne de montagnes qui avoisine Tarare, en laissant Lyon de côté, pour couvrir Saint-Etienne.

Les positions à atteindre protégeaient, d'ailleurs, effica-cement Lyon, en menaçant le flanc d'une armée allemande venant du Nord pour l'attaquer.

Enfin il importait, sans abandonner la ligne d'occupation tracée par l'armistice, de prononcer suffisamment le mou-vement, pour avoir sur l'ennemi une avance considérable ; il n'y avait aucun doute à avoir : l'heure de la fin de l'ar-mistice serait celle des coups de canon.

Le 21 février, l'ordre suivant fut envoyé aux Chefs de corps.

ORDRE :

« La 2ᵉ division de mobilisés se concentrera autour de
« Mâcon. Le quartier-général de cette division se trans-
« portera de suite à Mâcon. La 1ʳᵉ légion de Saône-et-Loire
« quittera Autun demain 22, ira coucher à Montcenis en
« passant par la grand'route de Châtillon, le 23 à Mont-

« Saint Vincent en passant par Blanzy, le 24 à Cluny, en pas-
« sant par la grand'route de Mâcon. Là, elle séjournera
« jusqu'à nouvel ordre.

« La légion de l'Ardèche quittera Buxy le 22, cou-
« chera 'à Saint-Gengoux où elle ralliera les deux autres
« bataillons, ira le 23 à Cluny, et le 24 ira cantonner aux
« villages de Prisse et Collonge, sur la grand'route de
« Mâcon. Les deux bataillons de l'Ardèche seront can-
« tonnés à Saint-Sorlin, Bussières et Pierreclos.

« La légion de la Côte-d'Or partira de Sennecey le 22,
« fera étape à Lugny le 22, en traversant Tournus sans
« s'y arrêter ; le 23, passera par Azé et Laizé et ira can-
« tonner à Saucé, Flacé et Hurigny.

« La 2e légion de la Loire quittera Blanzy le 22, ira
« coucher à Sully et Salornay, en suivant la grand'route
« de Mâcon, traversera le 23 Cluny et ira coucher à
« Sainte-Cécile et Mazilles, et le 24 à Tramayes où elle
« cantonnera.

« La 1re division se concentrera aux environs de Cha-
« rolles, où sera son quartier-général.

« La 1re légion du Jura restera à Digoin, la 2e à Paray-
« le-Monial ; la 3e à Marcigny et la 4e à Charolles.

« La 5e légion de l'Isère quittera Saint-Marcel le 22,
« ira coucher le même jour à Buxy, le 23 à Cortevaix,
« Confrançon et Salornay. Le 24, elle passera par Saint-
« Bonet-de-Joux et ira cantonner à Lafourche et Vaude-
« nesse.

« La 6e légion de l'Isère partira de Givry le 22, pas-
« sera par Buxy et ira coucher à Gernisany et Genouilly,
« le 23 à la Guiche et le 24 à Saint-Bonnet-de-Joux où
« elle restera cantonnée.

« La légion de l'Ain quittera Saint-Germain et Montret,
« passant par Saint-Vincent et Simandre ; le 23 à Pont-

« de-Vaux; le 24, elle passera la Saône, traversera la
« grand'route de Paris et ira à Cluny; le 25, elle se can-
« tonnera aux villages de Bergesserin et Curtil sur la
« route de Nevers.

« Le départ de chaque détachement aura lieu à 6 heu-
« res du matin au plus tard.

« Les quatre brigades légères resteront dans leur can-
« tonnement actuel. Les batteries désignées pour faire
« partie des divisions de mobilisés seront mises de suite
« à la disposition des généraux de division, et prêtes à se
« porter, au premier ordre, dans les cantonnements où
« se trouvent leurs divisions.

« M. l'Intendant est chargé d'assurer, en ce qui le con-
« cerne, les vivres des troupes en mouvement.

« Signé : Vice-Amiral Penhoat,
« Général en chef. »

Il n'est fait, dans cet ordre, aucune mention d'une brigade, commandée par le colonel Lobbia. Cette brigade,
en effet, cernée par l'armée prussienne aux alentours de
la place de Langres et sous la protection du canon de
cette ville, n'était plus en communication avec le quartier-
général.

Un ordre complémentaire assurait certains détails qui
jusqu'alors n'avaient pas été fixés.

ORDRE :

« M. le général Marion commandera la 2ᵉ brigade de
« la 1ʳᵉ division, composée des 5ᵉ et 6ᵉ légions de l'Isère
« et de la légion de l'Ain. Les légions du Jura formeront
« une brigade placée provisoirement sous les ordres du
« colonel Fischer.

« La 2ᵉ compagnie des francs-tireurs de la Côte-d'Or

« partira de Châlon demain, pour se rendre à Mâcon, par
« les voies ferrées. Cette compagnie fera partie de la 1re
« division. M. le commandant de place est prié d'assurer
« l'exécution de cet ordre.

« La 4e légion de Saône-et-Loire quittera ses canton-
« nements de Cuisery, Loisy et Labergement le 23, au
« matin, et ira à Mâcon, où elle sera cantonnée dans les
« environs, aux points que lui indiquera le général de
« Busserolles, commandant la 2e division. Les bataillons
« des francs-tireurs alsaciens, garibaldiens et du Gard
« quitteront Genelant et Palenge, le 23 février et se ren-
« dront par les voies ferrées à Mâcon, pour faire partie
« de la 2e division.

« Signé : Vice-Amiral PENHOAT,
« Général en chef. »

Par suite des ordres précédents, l'armée occupait deux
lignes.

La première, s'étendant d'Autun à Châlon-sur-Saône,
était composée des quatre brigades légères, n'ayant ni
effets de campements, ni impédiments d'aucune espèce;
elles pouvaient aisément, par des marches rapides, se
dérober à l'ennemi, tout en disputant les positions sus-
ceptibles de défense.

Le pont de Tournus était fortement occupé. La deuxième ligne, s'étendant de Charolles à Mâcon, avec un
fort détachement à Digoin et Paray, comprenait, par le
fait, le gros de l'armée avec l'artillerie et tous les bagages.
Elle devait disputer sérieusement le terrain à l'ennemi et
défendre le pays de montagnes qui couvre Saint-Etienne.

———

En prenant les dispositions intérieures pour l'armée,
l'amiral se tenait constamment en communication avec

les généraux dont les commandements avoisinaient le sien. Il recevait de Bourges une dépêche du général Pourcet, commandant le 23e corps, dépêche ainsi conçue :

Bourges, le 23 février 1871.

« Monsieur le Vice-Amiral,

« En réponse à votre dépêche du 19 courant, reçue « ce matin seulement, j'ai l'honneur de vous faire con- « naître que j'ai pour instruction de défendre Bourges, « tant que ma ligne de retraite ne sera pas menacée, « devant alors me retirer dans les pays montagneux « situés vers Montlusson et reculer pied à pied dans la « direction de Clermont-Ferrand.

« Les positions en pays de montagnes se prêtent beau- « coup plus facilement à la défense, avec des troupes « jeunes et inexpérimentées comme celles dont nous dis- « posons en ce moment.

« D'autre part, les grands espaces libres qui me « séparent des corps voisins à droite et à gauche donnent « toute facilité à un mouvement tournant. Il est donc « probable que je serai forcé de me replier de bonne « heure.

« Je ne manquerai pas de vous tenir au courant de mes « mouvements et de ceux de l'ennemi en avant de moi. « Je vous prie de vouloir bien m'adresser, en ce qui vous « concerne, les mêmes renseignements.

« Agréez, Monsieur le Vice-Amiral, l'assurance de « ma haute considération,

« Le général de division commandant le 25e corps d'armée,

« Signé : Ate POURCET. »

Sur sa droite, l'Amiral était en communication avec le général Longuerue, qui avait sous ses ordres une nombreuse cavalerie.

Comme on le voit, la situation ne paraissait à personne très-rassurante au cas d'une reprise d'hostilités; les renseignements suivants, communiqués par le Ministère de la Guerre, fixeront davantage sur ce que l'on pouvait attendre.

CABINET DU MINISTRE
DE LA GUERRE
—

Extrait de la Presse étrangère communiqué à titre de renseignement.

« *Presse* de Vienne, 17 Février.

« Le mouvement des troupes allemandes dans ou vers
« le Sud et le Nord de la France peut, dès aujourd'hui,
« donner une idée de la direction que prendraient les
« opérations, si l'armistice ne menait pas à la paix.

« Ainsi, nous voyons le 8e corps et la division Prince-
« Albert filer entre Péronne et Amiens, le 1er corps entre
« Rouen et Dieppe; dans l'Ouest, nous trouvons le 9e
« corps en correspondance avec le 1er établi à Rouen et
« Brionne. Le 3e corps occupe Alençon et le Mans; le 10e,
« château du Loir et Tours; la division Hessoise 25 à
« Blois. A Chartres, le 4e corps forme l'arrière-garde des
« 3e et 9e; enfin à Orléans, comme réserve générale, se
« trouve le 5e.

« Le 6e corps donne la main, depuis le département de
« l'Yonne, à l'armée de Manteuffel, composée des 2e, 7e et
« 14e corps et de la réserve Schoneling (landwehr) 1re
« division.

« Autour de Paris campent encore aujourd'hui le 11e
« corps, garde prussienne, le 12e garde saxonne et les
« divisions de landwehr prussienne et wurtembourgeoise.
« Ensemble, six corps d'armée de réserve.

« Les forces allemandes foulant actuellement le sol de

« la France, se calculent, pour l'armée d'opération, par
« 499 bataillons, 353 escadrons, 224 batteries. Pour les
« places fortes, par 89 bataillons landwehr, 24 esca-
« drons et 33 batteries. Pour les troupes d'étape ou
« garde des routes par 27 bataillons landwehr, 24 esca-
« drons et 33 batteries.

« Ensemble 615 bataillons, 404 escadrons et 290 batte-
« ries.

« Ou 780,000 hommes. »

Voilà donc la formidable armée que devaient combat-
tre les corps isolés, à peine en voie de formation, qui
composaient alors l'armée de la France !

On a pu voir que l'armée des Vosges manquait de
cavalerie ; un régiment de dragons, le 6e de marche, lui
fut attaché, sur les réclamations énergiques de l'Amiral.
Un escadron fut détaché à chacune des divisions de l'armée, les autres devant rester sous la main du général en
chef.

Dans la nuit du 23 au 24, une dépêche télégraphique
vint signifier une prolongation de l'armistice qui devait
durer jusqu'au 26 à minuit. On mit à profit ces quelques
heures de répit pour se tenir prêt à tout évènement ;
les liens de la discipline furent resserrés, beaucoup d'officiers inutiles ou indignes furent mis en demeure de donner leur démission ou révoqués.

Pour donner un échantillon de l'esprit militaire des
franc-tireurs, nous transcrivons ici la pétition que la
compagnie Nantaise adressa à l'Amiral, à la suite de la
révocation du lieutenant de cette compagnie :

« Les hommes de la compagnie Nantaise dont les
« signatures suivent, demandent, depuis la démission de

« leur lieutenant Potigny, à le suivre et à quitter le
« bataillon, étant engagés avec lui et non avec d'autres.

(Suivent les signatures.)

Autre ,exemple. La bande, dite des Enfants de Paris,
avait été dissoute pour insubordination habituelle.
Son chef, M. Filheau-Saint-Hilaire, s'était mis à recruter,
sans autorisation, une nouvelle bande dite des Vengeurs
de Paris. Quand il se présenta au quartier-général
pour faire habiller et payer sa troupe, il lui fut signifié
d'avoir à renvoyer des hommes qu'il avait recrutés illéga-
lement ; mais il ne se tînt pas pour battu et se rendit
à Mâcon, où il obtint du commandant de place des feuilles de route et partit pour Bordeaux avec sa bande.

Là, nous le perdons de vue. On le retrouve à Paris
pendant l'insurrection, dans la Commune.

La plupart des contestations avec les populations
provenaient de ce que les troupes irrégulières, au lieu
d'une distribution de vivres, recevaient de l'argent.
L'achat des vivres donnait lieu à toutes sortes de chicanes
et bien des réquisitions étaient faites sans être payées.
Ces abus furent vigoureusement réprimés.

On donna à l'artillerie l'accroissement que permettaient
les circonstances en y incorporant des hommes choisis
dans l'infanterie. Cette artillerie, malheureusement bien
insuffisante, comprenait plusieurs batteries de montagne
servies par des marins et dont les pièces étaient incapables
de soutenir une lutte sérieuse avec l'artillerie prussienne
en plaine, mais qui, dans les montagnes, pouvaient jouer
un rôle important.

Tel était l'état des choses lorsque, dans la soirée du 26,
au moment où l'on se disposait à lancer les ordres de
mouvement, en vue de la reprise des opérations militai-

res, à minuit parvînt au quartier-général l'ordre de cesser les hostilités, les préliminaires de la paix étant arrêtés entre les gouvernements belligérants.

Dès lors, les opérations allaient prendre une tournure bien différente et ces réglementations introduites par l'amiral, devenues inutiles pour le combat, allaient du moins singulièrement faciliter le licenciement et le désarmement de l'armée.

N'ayant plus désormais de préoccupations du côté de l'armée allemande, l'amiral transporta son quartier-général à Mâcon, point situé plus au centre de son armée, et fit aussitôt publier l'ordre suivant :

ORDRE.

« Le général en chef porte à la connaissance de « MM. les chefs de corps les dispositions relatives au « licenciement des corps francs et d'une partie de l'armée.

« Bordeaux, le 24 février 1871.

« A MM. les généraux commandant les corps d'armée « et les divisions territoriales, à MM. les généraux Char- « rette, Lipowski et Cathelineau.

« Général, aux termes du décret du 5 février 1871, les « corps francs qui n'auraient pas été reconnus suscep- « tibles d'être compris dans les corps des généraux Char- « rette, Lipowski et Cathelineau ou rattachés aux divers « corps d'armée comme éclaireurs, doivent être dissous. « Les hommes qui, par leur âge ou leur position, appar- « tiendraient à une des catégories de recrutement de « l'armée, seront rendus à leur destination légale, les « autres seront renvoyés dans leurs foyers. Les officiers

« seront prévenus que leur mission cesse. Mention de
« cette circonstance sera inscrite sur leurs commissions;
« ils cesseront de porter les insignes de leurs grades.

« Les hommes rendront leurs armes et les effets
« d'équipement et de campement qu'ils pourront avoir
« reçus. Les armes seront versées à la direction de l'ar-
« tillerie et les effets d'équipement et de campement dans
« les magasins de l'Etat.

« Toutes les pièces de comptabilité et d'administration
« seront remises aux mains de l'intendance qui en don-
« nera récépissé.

« Les officiers et les hommes de troupe recevront une
« indemnité d'un mois de solde; les étrangers rece-
« vront deux mois de solde, ceux du continent seront
« réunis par nationalité et dirigés sur le point le plus
« rapproché de la frontière où ils toucheront leur in-
« demnité.

« Les francs-tireurs d'outre-mer seront dirigés sur un
« port d'embarquement, en rapport avec leur nationa-
« lité et déterminé par le ministre de la guerre, sur les
« renseignements que les commandants de corps d'armée
« et les commandants de divisions auront à lui trans-
« mettre à cet effet. C'est au port d'embarquement qu'ils
« toucheront la 2e partie de leur indemnité, la 1re partie
« seulement devant leur être payée au lieu du licencie-
« ment, et qu'il sera statué, s'il y a lieu dans l'espèce, de
« les rapatrier par les soins du ministère des affaires
« étrangères.

« Quant aux étrangers qui ne désireraient pas rentrer
« chez eux et voudraient continuer à servir la France,
« ils seront réunis à Aix, d'où ils seront ensuite dirigés
« sur le dépôt du régiment étranger en Algérie, mais
« sous la réserve qu'aucun d'eux ne pourra y recevoir un
« grade supérieur à celui de sous-officier.

« La dissolution du corps sera constatée par un procès-
« verbal dressé par les soins de l'intendance et dont copie
« sera adressée au ministère de la guerre.

« Les autorités militaires veilleront à ce que les francs-
« tireurs licenciés ne s'attardent point en route.

« Veuillez donner des ordres immédiats pour l'exécu-
« tion des dispositions qui précèdent dans l'étendue de
« votre commandement et m'en rendre compte, sauf les
« exceptions que je me réserve de vous signaler.

« Recevez, Général, l'assurance de ma considération
« la plus distinguée,

Le Ministre de la Guerre,
« Général LE FLÔ. ».

« Bordeaux, 2 mars 1871.

« Ministre de la Guerre à Général Suzanne, Paris, et
« à Généraux commandant les armées actives, camps et
« divisions territoriales :

« Les mobilisés devant être renvoyés dans le plus
« court délai dans leurs différents départements et les
« gardes nationales mobiles devant les suivre sous peu,
« il importe de prendre immédiatement les mesures
« nécessaires pour mener à bonne fin cette opération.
« Faites donc procéder de suite à la remise des armes,
« munitions, objets de campement et d'équipement des
« gardes mobilisés qui sont sous vos ordres. Cette remi-
« se aura lieu entre les mains d'officiers de l'artillerie et
« fonctionnaires de l'Intendance militaire qui dresseront
« les procès-verbaux nécessaires et classeront par dépar-
« tement les objets versés.

« Aussitôt après le versement, les légions seront suc-
« cessivement dirigées sur leurs départements respectifs,
« avec feuilles de routes remises aux chefs de détache-

« ment. Leur retour aura lieu par voies d'étapes, si la
« distance n'excède pas trois journées de marche et par
« voie ferrée si elle est plus considérable. Les avis du
« départ et les itinéraires devront être adressés réguliè-
« rement, par vos soins, partout où besoin sera dans
« l'étendue de votre commandement.

   « Vous recevrez des ordres ultérieurs pour le licen-
« ciement des gardes mobiles.

« Signé : Général LE FLÔ. »

   « Par suite des instructions qui précèdent, le licencie-
« ment aura lieu dans l'ordre suivant :

   « 1° Les francs-tireurs ;

   « 2° Les Italiens ;

   « 3° Les autres étrangers ;

   « 4° Les mobilisés ;

   « 5° Les mobiles ;

   « Je prie MM. les généraux et les chefs de corps de
« me prêter leur concours dévoué, pour mener à bien cette
« opération.

   « Le licenciement commencera par les corps comman-
« dés par MM. Menotti Garibaldi, Riccioti Garibaldi, Can-
« zio et Delpech.

   « Puis ensuite : 1re Division.

   « 2e Division.

   « MM. les généraux commandant les brigades légères
« et les divisions devront demander promptement les
« intendants et les officiers d'état-major qu'ils croient
« nécesaires pour les aider.

« Signé : Vice-Amiral : PENHOAT,
« Général en chef. »

   L'ordre suivant paraissait au même moment, destiné à
assurer l'exécution des prescriptions du Ministre.

ORDRE :

« Une commission de licenciement est nommée pour
« les corps francs étrangers et français. Les villes où
« s'opéreront ces licenciements fractionnels seront Autun,
« Châlon et Belleville, où seront concentrés les corps
« qui doivent y être soumis.

« Cette commission est ainsi composée :

« MM. Macaire de Verdier, chef d'escadron d'état-major ;
      Bineau, intendant de 3ᵉ classe ;
      Pernot, aide-trésorier ;
      Auger, lieutenant d'artillerie ;
      Un des officiers d'état-major de la brigade, rappor-
        teur.

« Elle devra procéder suivant les instructions des cir-
« culaires ministérielles des 2 et 3 mars, et exiger des
« commandants des corps à licencier un état exact de
« l'effectif nominatif et par états signalétiques pour les
« officiers, nominatifs seulement pour les sous-officiers et
« soldats.

« Dans cet état, les ¡hommes devront être groupés sui-
« vant les localités vers lesquelles ils doivent être dirigés.

« D'après cet état, l'officier de l'intendance dressera immé-
« diatement la feuille de route collective pour chacun
« des groupes, qui seront accompagnés jusqu'à destination
« par un commandant de détachement, et donnera les
« ordres nécessaires pour la préparation des trains de
« chemins de fer.

« Il ordonnancera également les paiements à effectuer
« aux hommes et aux officiers pour solde et gratification
« de licenciement, de façon à ce que toutes les mesures
« soient prises et que les sommes à payer soient remises.
« sitôt après que l'officier d'artillerie aura reçu les armes.

« Le chef d'escadron d'état-major devra, pour les heures
« et le lieu de toutes ces opérations, s'entendre dès son
« arrivée avec les officiers commandant les brigades,
« les divisions ou les corps isolés.

« Avant de procéder au licenciement et à la confection
« des états ou des feuilles de route, les troupes devront
« être interrogées pour savoir quels sont les hommes qui,
« ne voulant pas être rapatriés, désirent entrer dans la
« légion étrangère dont le dépôt est à Aix (Provence) et il
« sera dressé un état spécial de tous ces hommes qui
« seront, après le départ des autres, réunis en un seul
« corps et dirigés sur Aix.

« Procès-verbal de toutes ces opérations sera dressé
« par les soins d'un des officiers d'état-major de la bri-
« gade qui fera fonctions de rapporteur et adressé immé-
« diatement à l'état-major général.

« Le licenciement à Mâcon même, aura lieu sous la
« direction des chefs de service de l'état-major, de l'in-
« tendance, de la trésorerie et de l'artillerie. M. le lieu-
« tenant-colonel d'infanterie Audouard fera partie de
« cette commission supérieure en qualité de rapporteur;
« il la présidera si les chefs de service se font représen-
« ter par leurs délégués.

« La 1ʳᵉ commission devra se transporter le samedi
« 4 mars à Belleville, où le licenciement commencera
« pour la 1ʳᵉ brigade.

« La 3ᵉ brigade enverra à Mâcon, pour être licenciée,
« la légion italienne, commandant **Tanara**, et les Chas-
« seurs des Alpes, commandant Ravelli.

« Les chefs de service de l'intendance, de l'artillerie
« et de la trésorerie, sont chargés, chacun en ce qui le
« concerne, de l'exécution de cet ordre. Le départ de la

« commission pour Belleville devra avoir lieu par le
« convoi du matin.

« Signé : Vice-Amiral PENHOAT,
« Général en chef. »

En même temps que les ordres qui précèdent, l'amiral adressait à l'armée l'ordre du jour suivant, destiné
à préparer les soldats à la remise de leur armes, opération qu'ils voyaient avec une extrême défiance.

ORDRE DU JOUR :

« Soldats de l'armée des Vosges,
« Vous avez livré, sous un chef illustre, des combats
« glorieux, mais la fortune a trahi votre courage.
« La France se souviendra avec reconnaissance de
« vos services, elle conservera la mémoire des nobles
« étrangers venus à son aide dans l'infortune et qui ont
« fait pour elle tant de sacrifices.
« Vous allez retourner dans vos familles *après avoir*
« *déposé les armes*, pour reprendre les travaux de la
« paix.
« Conservez en partant une discipline sévère : elle
« fait la force des armées, et avec elle, vous pourrez sau-
« ver la patrie quand un jour elle fera appel à votre
« dévouement.

« Signé : Vice-Amiral PENHOAT,
« Général en chef. »

Cette pièce, traduite en italien, fut imprimée et remise
individuellement à chacun des soldats étrangers chez
lesquels elle produisit beaucoup d'effet. Avant leur
départ, beaucoup d'entre eux en demandèrent plusieurs
exemplaires pour les distribuer dans leurs familles.

Les corps de francs-tireurs les plus disposés à résister au désarmement, furent concentrés à Mâcon, où se trouvait le quartier-général. Les corps suspects étaient, du reste, séparés les uns des autres, de manière à rendre bien difficile un concert pour une action commune.

Le désarmement fut précédé de la remise des munitions.

Les munitions en approvisionnement, contenues dans les parcs de l'armée, furent dirigées sans retard sur les dépôts de Lyon, par les bateaux à vapeur de la Saône. Celles que les soldats portaient dans leurs gibernes, déposées dans les casernes, suivirent la même voie.

Cette opération importante terminée, on procéda au désarmement et licenciement des corps francs concentrés à Mâcon. Ce désarmement se fit, sinon sans protestations, du moins sans difficultés sérieuses.

Enfin, les opérations de désarmement commencèrent sur les autres points, et l'urgence de les terminer rapidement se faisait bien sentir.

Déjà des émissaires travaillaient les troupes; on faisait circuler la nouvelle que Paris refusait de se laisser désarmer et que le désarmement était pour l'armée un déshonneur; on parlait déjà vaguement de former l'armée de la liberté.

La rapidité du désarmement était le moyen le plus sûr de déjouer ces tentatives.

L'amiral reçut l'avis officiel que son chef d'état-major, M. de l'Espée étant tombé très-gravement malade, ne pouvait le rejoindre. Il fit la demande, pour le remplacer, d'un colonel d'état-major; mais cette demande étant restée sans réponse, l'amiral se décida à garder auprès de lui en cette qualité le général Bordone. Pour l'œuvre qui restait à accomplir, nul ne pouvait d'ailleurs le rem-

placer avantageusement. Seul, il connaissait à fond les
hommes de cette armée, les événements auxquels elle
avait pris part, les susceptibilités qu'il fallait ménager.
Seul, il avait sur les fils de Garibaldi et sur les princi-
paux chefs de corps, l'autorité morale nécessaire pour les
attacher à leurs fonctions tant que leur présence y serait
nécessaire. L'intelligence remarquable dont il était doué,
la bonne volonté dont il ne cessait de donner la preuve
en faisaient l'auxiliaire indispensable du licenciement de
l'armée qu'il avait *organisée*.

Tout ne devait pas se passer sans difficultés ; elles
furent de plus d'une sorte.

Pendant que les opérations du désarmement, conduites
avec beaucoup de tact, de prudence et de rapidité, com-
mençaient sous les meilleures auspices, une émeute qui
pouvait avoir les suites les plus graves, éclatait parmi la
population ouvrière du Creuzot.

Dès son arrivée à Châlon, l'amiral avait été mis en
défiance contre les tendances de rébellion qui pouvaient
se produire dans cette localité, et y avait envoyé M. Pi-
gnot, chef d'escadron d'état-major, avec pleins pouvoirs
pour se mettre en communication avec les diverses autorités et requérir au besoin la force armée pour assurer le
maintien de l'ordre. Les troupes suspectes furent éloi-
gnées de ce foyer d'agitation et remplacées par un bataillon de mobiles, celui des Basses-Alpes, commandant
Auran, dont l'esprit était très-bon et très-sûr.

C'était à peu près la seule force qu'il fût possible de
mettre en avant dans des événements comme ceux qu'il
y avait à craindre. Plus tard un escadron de dragons, un
détachement de gendarmerie de Lyon et un régiment de

cuirassiers furent cantonnés dans les environs; mais dans le moment, la force sur laquelle on pouvait s'appuyer pour le maintien de l'ordre était fort réduite ; il était donc indispensable d'agir avec une grande prudence, en montrant toutefois la volonté très-nette de procéder au désarmement.

Dans la journée du 26 février, une explosion violente de dynamite eut lieu sur la ligne du chemin de fer, à Montchanin.

L'Amiral s'était refusé à faire sauter le tunnel de Chagny, pour ne pas augmenter des ruines déjà trop nombreuses, mais il avait ordonné de miner sur une grande longueur et en plusieurs endroits, avec de la dynamite, les rails de la voie ferrée dont on aurait ainsi retiré, à peu de frais, l'usage immédiat à l'ennemi, en cas de reprise d'hostilités.

C'est en plaçant un sachet de dynamite sous les rails du chemin de fer, près de Montchanin, que, contrairement aux expériences faites jusque là, un coup de marteau appliqué sur le rail détermina une explosion d'une extrême violence : sept hommes furent tués sur le coup.

Le bruit de cette explosion, entendu du Creuzot, avait mis en émoi la population inquiète de la reprise des hostilités. Cet événement, exploité habilement par un grand nombre de perturbateurs organisés de longue main et qui répandirent aussitôt les bruits les plus inquiétants et les plus faux, amena bientôt une agitation considérable.

Des groupes armés, appartenant à la garde nationale sédentaire, se répandirent dans les rues en portant le drapeau rouge et criant : A la trahison, mort aux réactionnaires ! L'émotion croissant, des coups de fusils furent tirés de tous côtés ; un groupe d'émeutiers força les portes de l'Eglise et se mit à sonner le tocsin. L'officier délégué par l'Amiral, désirant éviter une inutile effusion de sang, fit consigner le bataillon des Basses-Alpes, se bornant à parcourir la foule, accompagné de plusieurs officiers de ce bataillon, et cherchant à calmer l'agitation populaire.

Les autorités locales invoquées, restèrent sourdes à toutes les demandes de concours qui leur furent adressées pour réprimer les désordres parce qu'elles pactisaient avec l'émeute.

Pendant toute la nuit, le désordre fut à son comble. Le matin, l'émeute finit par se consumer elle-même par sa violence et faute d'aliments nouveaux. Au jour, tout rentra peu à peu dans l'ordre : personne n'avait été blessé. La population paisible reprit son influence et l'on put cesser de craindre de grands malheurs ; mais cet évènement fit impression. On y reconnut l'action de l'Internationale, dont les effets pouvaient, à chaque instant, se faire de nouveau sentir ; de grandes précautions furent prises : on tint à distance les troupes suspectes, les fonctionnaires du département qui n'avaient pas fait leur devoir furent révoqués et remplacés ; mais jusqu'à la dernière heure, ce point resta un sujet d'inquiétude.

Enfin un détachement de gendarmerie, un régiment de cuirassiers et deux bataillons de l'infanterie furent logés chez les habitants afin de leur enlever à l'avenir toute velléité d'insurrection.

Les opérations du désarmement marchaient cependant, et non sans difficultés sérieuses ; l'intendance, ne comprenant pas que, dans cette circonstance, la rapidité était tout, y mettait des lenteurs inopportunes ; mais les fils de Garibaldi déployèrent, en cette occasion, un dévouement bien digne d'éloges. Constamment présents dans les gares de chemins de fer, assistant eux-mêmes à l'embarquement de leurs hommes, dans des trains spéciaux qui les emportaient aussitôt leurs armes rendues, il ne fallut pas moins que leur présence constante pour éviter les scènes les plus regrettables.

Ce n'est pas sans peine qu'on avait obtenu d'eux une coopération aussi complète. A plusieurs reprises, ils envoyèrent leur démission, se refusant, disaient-ils, à agir ainsi contre un sentiment très prononcé, exprimé par des hommes qu'ils avaient conduits au combat, sentiment qu'ils partageaient eux-mêmes, de l'humiliation qu'on leur infligeait en leur enlevant leurs armes. Dans toutes ces occasions, l'influence du général Bordone fut décisive, et il a rendu au pays, dans cette circonstance, un service incontestable. Si son concours avait fait défaut, si sa bonne volonté n'avait été ni soutenue, ni comprise, on ne peut savoir ce qui serait arrivé, car cette armée placée aux aux portes de Lyon, à proximité du Creuzot et de Saint-Etienne, dans les montagnes de Tarare, favorables à la guerre de partisan, pouvait former en province un centre de guerre civile, comme il s'en formait un à Paris.

Dominés par les chefs qui les conduisaient depuis tant d'années, les Italiens ne songèrent pas à leur désobéir; mais une vive opposition au désarmement fut manifestée par les francs-tireurs et les mobilisés des grandes villes; ils donnaient pour prétexte qu'ils voulaient, en retournant chez eux, faire dans leur ville, une entrée en corps et en armes.

Une députation d'un corps d'officiers des mobilisés de l'Isère, colonel en tête, parvînt même jusqu'à l'amiral pour lui apporter des protestations; mais le colonel, seul reçu, le fut d'une manière qui lui ôta toute envie de recommencer, et l'ordre du jour suivant fut communiqué à l'armée:

ORDRE DU JOUR

« Le vice-amiral commandant en chef a reçu des de-
« mandes et des lettres tendant à obtenir, pour certai-
« nes troupes, l'autorisation de rentrer dans leurs foyers
« en corps et avec leurs armes.

« De pareilles demandes, contraires aux dispositions
« arrêtées par le Ministre, sont une violation des règles
« les plus élémentaires de la discipline.

« Après les revers éprouvés par nos armes, des
« entrées triomphales choqueraient le sentiment public.
« Une attitude modeste et calme convient seule à ceux
« qui ont bien fait leur devoir dans cette guerre malheu-
« reuse. Le commandant en chef fait donc appel au
« bon sens de chacun : que tous soient persuadés que
« leur honneur et leur dignité ne recevront aucune at-
« teinte sous son commandement.

« Mâcon, le 5 mars 1871.

« Signé : Le Vice–Amiral PENHOAT,
« Général en chef. »

Cet ordre du jour mit fin à toutes tentatives nouvelles
et sérieuses de résistance.

Cependant, repoussés au quartier-général, quelques
chefs de guérillas d'Afrique obtinrent du ministère l'autorisation de garder leurs armes ; mais ils se montrèrent
tellement indisciplinés que l'amiral n'hésita pas à les
désarmer.

Les précautions les plus minutieuses furent prises pour
éviter que les troupes licenciées ne pussent séjourner à Lyon
ou à Marseille. Quant à la route de Paris, elle était encore
occupée par les Prussiens, et personne ne fut envoyé
dans cette direction.

A Mâcon, quelques désordres partiels eurent encore lieu : des voitures d'armes furent pillées à la porte de la caserne où s'en faisait la remise ; des tumultes inexprimables se produisirent au moment de l'embarquement dans les trains. On vint à bout de tout.

Après leur licenciement, les troupes étrangères ou suspectes furent dirigées dans les trains du chemin de fer sur Marseille, point d'embarquement désigné par le ministre, avec ordre de ne pas s'arrêter à la gare de Lyon.

Des troubles ayant éclaté à Marseille à l'arrivée des trains, ordre fut donné de diriger les licenciés sur Toulon sans arrêt à Lyon et Marseille.

D'autres trains furent dirigés par Chambéry à la frontière d'Italie. Ces troupes ne reçurent le deuxième mois de gratification qu'à leur arrivée à la frontière ou sur le lieu de leur destination.

Le 12 mars, toutes les troupes irrégulières et les divisions de mobilisés étaient définitivement parties, leurs armes rendues, leur solde payée. Encore avait-il fallu subir de grands retards dus à l'encombrement des voies ferrées, par suite du rapatriement des troupes internées en Suisse.

Restaient seuls à désarmer les mobiles, dont le licenciement était commencé, et la brigade Lobbia, cernée devant la place de Langres.

L'amiral considérant sa mission comme terminée, ayant désormais la certitude que l'ordre serait assuré dans les pays naguère occupés par son armée maintenant disparue, demanda au ministre de la guerre l'autorisation de rentrer dans le corps de la marine.

Il en reçut la réponse suivante, écrite en entier de sa main :

CABINET DU MINISTRE   « Bordeaux, le 12 Mars 1871.
DE LA GUERRE.

—

           « Mon cher Amiral,

« J'ai reçu vos deux lettres du 7 et du 9 ; je vous
« remercie de l'activité, de l'énergie et du tact que
« vous avez apportés dans l'opération très-délicate du
« licenciement des francs-tireurs et des brigades ita-
« liennes. Vous y avez été aidé par l'excellent esprit de
« MM. Menotti, Ricciotti Garibaldi et Canzio, et tout par-
« ticulièrement par le général Bordone. Je vous prie
« d'être mon interprète auprès de ces messieurs et de les
« remercier eux-mêmes du dévouement avec lequel ils
« ont servi notre malheureux pays. Ils y ont apporté
« autant de zèle que de courage, etc.....

« Je satisfais très-volontiers quoiqu'à regret, mon cher
« Amiral, au désir que vous m'exprimez d'être rendu, à
« dater du 15, à un peu de repos d'abord, et à votre
« corps de la marine, qui a jeté tant d'éclat sur la mal-
« heureuse campagne de six mois que nous venons de
« faire ensemble, etc.....

« Remettez le commandement au général Jouffroy, qui
« continuera l'opération du licenciement des mobilisés
« et des mobiles, si cette opération n'est pas encore
« achevée. Des ordres vont être donnés pour ces derniers.

« Recevez, mon cher Amiral et excellent compatriote,
« l'assurance de mes sentiments bien-affectueux.

        « Le Ministre de la Guerre,
           « LE FLÔ. »

Diverses dépêches ministérielles à l'appui d'un arrêté
du chef du Pouvoir exécutif prescrivaient de dissoudre au
plus tôt les états-majors des différents corps d'armée
encore existants sur le territoire et de rendre au service

de la marine les officiers de cette arme qui avaient été
détachés à la guerre. Pour terminer l'œuvre du licenciement, désormais facile puisqu'elle se réduisait au désarmement de quelques bataillons de mobiles, de la brigade Lobbia et à la reddition des comptes et du matériel,
l'amiral prit les dispositions suivantes :

ORDRE.

« En vertu de l'arrêté du 7 mars 1871 et de la circu-
« laire du 9 du même mois, les états-majors de l'armée
« des Vosges seront licenciés le 15 courant.

« M. le général Jouffroy prendra à cette date le com-
« mandement des troupes de cette armée qui n'auront
« pas encore été désarmées.

« M. Macaire de Verdier, chef d'escadron d'état-major ;
« M. Desprée, capitaine d'état-major ; M. Labrousse, sous-
« lieutenant de hussards, resteront attachés à l'état-major
« de M. le général Jouffroy.

« M. l'intendant Ayrolles et tout le personnel adminis-
« tratif sous ses ordres, M. le payeur général Martinet et
« ses fonctionnaires resteront à leur poste jusqu'au licen-
« ciement complet des troupes et réglement des comptes.

« M. le colonel Ollivier restera également en fonctions
« jusqu'à remise complète du matériel d'artillerie et de
« son service.

« La prévôté sera maintenue également dans ses fonc-
« tions jusqu'à complète dissolution de l'armée en se con-
« formant aux prescriptions de l'art. 7 de la circulaire du
» 9 mars.

« MM. les officiers des états-majors et des différents
« services non employés, recevront des feuilles de route
« pour se rendre à destination.

« Nul ne peut se rendre à Paris sans une autorisation
« du Ministre.

« Signé : Vice-Amiral PENHOAT,
« Général en chef. »

La tâche de l'amiral était accomplie; il fit ses adieux dans
les termes suivants :

ORDRE :

« En remettant le commandement des troupes qui n'ont
« pas encore été licenciées à M. le général de division
« Jouffroy, je remercie MM. les officiers des états-ma-
« jors et de l'état-major général de l'armée, du concours
« dévoué qu'ils m'ont prêté pendant la durée de mon
« commandement. Je remercie plus particulièrement le
« général chef d'état-major Bordone, des services rendus
« pendant la période du désarmement.

« Le Ministre me charge de lui témoigner à ce sujet sa
« satisfaction.

« Au quartier-général à Mâcon, le 16 mars 1871.

« Le Vice-Amiral, Commandant en chef,
« Signé : PENHOAT. »

L'armée des Vosges n'existait plus.

Le même soir, l'amiral partait pour Paris, et le surlen-
demain commençait l'insurrection de la Commune.